並べて焼くだけ！
グリラーレシピ

岡本ゆかこ

河出書房新社

CONTENTS

04 │ グリラーなら肉も魚も野菜もほくほくジューシー！	08 │ グリラーの調理の決まりごと
06 │ グリラーを上手に使いこなすコツ	10 │ 本書の見方

Part 1

一品でごちそう！
肉のおかず

12 │ ミラノ風カツレツ
14 │ 豆苗の豚巻き梅ソースがけ
14 │ 塩豚ねぎ焼き
16 │ ポークボール酢豚
18 │ チンジャオロースー
19 │ 豚と野菜の和風マリネ焼き
20 │ ハニーチキン
22 │ チーズタッカルビ
23 │ アジアンチキン
24 │ タンドリーチキン
26 │ 手羽先と長いものゆずこしょう焼き
28 │ トマトすき煮
30 │ 牛ロールデミグラス
32 │ 牛マリネ焼き
33 │ ラムバーグ
34 │ クリームチーズハンバーグ
36 │ きんぴらつくね
37 │ ベーコンとさつまいもとりんごのメープル焼き
38 │ コンビーフキャベツ

Part 2

ふっくら焼き上げ！
魚介のおかず

40 │ アクアパッツァ
42 │ たらとじゃがいものグラタン
43 │ さわらの黄身あん焼き
44 │ サーモンのレモン＆クリーム
46 │ カジキカレーグリル
47 │ ぶり照り
48 │ ぶりのローズマリー焼き
50 │ いわしのベッカフィーコ
52 │ あじとしいたけのバターしょうゆ
53 │ さばとじゃがいもの粒マスタードソース
54 │ サバビアータ
54 │ たことなすのピリ辛
56 │ いかとセロリとグレープフルーツのグリル
57 │ いかとブロッコリーのオイスターマヨ
58 │ ガーリックシュリンプ
59 │ えびとアボカドのトマトクリーム
60 │ かにとじゃがいものスコップコロッケ

Part 3

あと一品欲しいときの
手間なし野菜おかず

- 62 ｜ 焼きベジ
- 64 ｜ マッシュルームのアヒージョ
- 65 ｜ ローストカリフラワーのカレーソース
- 66 ｜ ハッセルバックベジ
- 67 ｜ ズッキーニとサラミの重ね焼き
- 68 ｜ トマトのえびファルシ
- 70 ｜ アスパラおかかバター
- 71 ｜ 玉ねぎのサワークリームパン粉焼き
- 72 ｜ かぼちゃのブルーチーズグラタン
- 74 ｜ 大根のステーキグリル
- 74 ｜ れんこんのイタリアンきんぴら
- 76 ｜ かぶのペペロンチーノ
- 77 ｜ キャベツとツナのホットサラダ
- 78 ｜ サニーサイドアップパプリカ
- 79 ｜ 厚揚げのねぎみそ焼き
- 80 ｜ クミン枝豆
- 82 ｜ 万能なグリラーで！
  　　混ぜて焼くだけ！　トースターレシピ
  　　ニラと桜えびのチヂミ／ソーセージパンケーキ／
  　　スナップエンドウとスパムのフラン／スペインオムレツ

Part 4

ひと皿で満足！
ワンプレートレシピ

- 86 ｜ 豚ばらと豆苗のレモン塩焼きそば
- 88 ｜ カプレーゼパスタ
- 90 ｜ ミートソースパスタ
- 92 ｜ たらこクリームパングラタン
- 92 ｜ ビビンバ
- 94 ｜ 和風クリームドリア

グリラーなら肉も魚も野菜も
ほくほくジューシー！

＼おいしいひみつ／ 1
遠赤外線効果

肉や魚、野菜に
じっくり火が通り
おいしく仕上がる！

陶器製のグリラーの遠赤外線効果はステンレス鍋の3〜4倍以上ともいわれています。遠赤外線効果で食材をふっくらと温め、おいしくいただけます。また、蓄熱性も高いため、火を止めた後もじわじわと素材の甘みを引き出します。

＼おいしいひみつ／ 2
蒸し焼きになる

食材の旨みを凝縮！
茹でるより
味が濃い

グリラーは蓋についた突起を伝って、調理中に食材から出た水分を、食材にまんべんなく戻すことが可能。パサつかず、素材の味が活きた仕上がりになります。

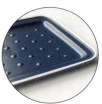

グリラーなら、肉や魚、野菜が持つ素材の味を活かしたグリル料理が、すぐに完成。食材の旨みをしっかり閉じ込めて、誰でも簡単においしく作ることができます。

\おいしいひみつ/ 3
カリッと仕上がる

蓋のありなしで
こんがり料理も
お手のもの

肉や魚、厚みのある根菜を焼くときに、表面だけ焦げて中はまだ火が通っていなかった……なんて失敗をしたことがある人も多いのでは。グリラーなら蓋をしてじっくり中まで火を通し、仕上げに蓋を取ることで中はしっとり、外はカリッと香ばしく仕上がります。

しかも、とっても簡単！

1

下ごしらえをしたら並べて焼くだけ！

食材を切って並べ、味つけもすませたらあとは焼くだけ。時間のあるときに保存袋などで肉や魚に下味をつけておけば、しっかり味が染みたおかずがすぐにでき上がります。

2

魚焼きグリルで加熱調理ができる！

グリラーは高さが約5cmと薄型のため、魚焼きグリルにも入りやすい大きさです。予熱に時間がかかりやすいオーブン料理も、高火力のグリルを使えば短時間で仕上がります。

3

そのままサーブできて後片づけも手間なし！

調理器具としてはもちろん、グラタン皿のようにそのまま食卓にサーブすることが可能。陶器で保温性が高いので、できたての料理をおいしく食べられます。余計な洗い物が増えないので、後片づけもラク！

INTRODUCTION

グリラーを上手に使いこなすコツ

コツ1 使用前に油を引く
焦げつきにくくして食べやすく、洗い物もラクに

食材を並べる前にキッチンペーパーなどを使ってグリラーの蓋の裏と器の内側に少量の油を引きます。こうすることで蓋や器への食材のくっつきや焦げつきを防ぎやすくなり、食べやすく、洗い物もラクに。特に魚焼きグリルでは熱源との距離が近いため、気をつけましょう。

コツ2 盛りつけを工夫する
並べ方を工夫して見た目もよく、楽しい一品に

仕上がりをイメージしながら食材を交互に並べたり、斜めに並べたりして工夫をすると、楽しい一品に。普段の食卓からおもてなし料理まで、幅広く活躍してくれます。食材が蓋につかないよう盛りつけの高さを調整すると、焦げつき防止になります。

グリラーを使う前に知っておきたい調理のポイントを紹介します。
メインからサブ、ごはんものまで幅広く使えるので、
正しく使用して料理のレパートリーを増やしましょう。

コツ3 電子レンジを活用

電子レンジOKだから先にチンして時短もできる

いも類やれんこんなど火が通りにくい食材はあらかじめ電子レンジで加熱しておくと火の通りが早くなります。そのうえ、耐熱ボウルからフライパンなどに移す手間も省け、時短したいときに助かります。

コツ4 蓋を上手に使う

余熱調理で肉、魚料理がふっくら仕上がる

一度全体が温まると冷めにくいので、火を止めた後も蓋をしておけば、余熱調理が可能です。蓋をすることで包み込むように熱が伝わり、食材がふっくら柔らかく仕上がります。献立の最初にグリラーで調理すれば、食べるころにはちょうどよく火が通っていて便利です。

グリラーの調理の決まりごと

本書で使用したグリラー

本書で使用したグリラーの規格を紹介します。
家庭の魚焼きグリルに収まるサイズか確認してから使用してください。

※陶器の特性上、多少の誤差が出ることがあります。余裕があるか確認してください。

横（奥行き）約25.5cm
縦（幅）約18.5cm
高さ約5cm

器

底には凹凸があり、加熱時に食材から出る余分な油を落とします。肉や魚はふっくらと焼き上げ、野菜は素材のおいしさを引き出すことができます。

蓋

魚焼きグリルや電子レンジでの加熱、余熱調理は基本蓋をします。焦げ目の強弱は蓋を取って調節しましょう。

ここでは、本書で使用したグリラーや調理する前に知っておきたいこと、
火加減の調整の仕方を紹介します。
家庭の魚焼きグリルなどのサイズを確認してから使用しましょう。

用意するもの

加熱後のグリラーは非常に高温です。
以下のものを用意しておくとよいでしょう。

鍋つかみ

焼き上がりは非常に高温のため、耐熱性の高い鍋つかみを使用して熱源からグリラーを出しましょう。やけどに注意しながら扱ってください。

※耐熱温度200℃以上のものがおすすめです。

鍋敷き

料理をおく際に使用します。テーブルに焼き上がりのグリラーを直接おくと、汚れや変形などに繋がることがあるので注意しましょう。

熱源について

グリラーが対応している熱源や火加減について表記しています。調理を始める前に確認しておきましょう。

	魚焼き	直接加熱
IH	○	×
ガスコンロ	○	○

	オーブン	トースター	電子レンジ
	○	○	○

グリラーはIHのトップに対応していませんが、IHの魚焼きグリルでは使用することが可能です。水を入れて使用するタイプの魚焼きグリルは水を入れて使用してください。

※どの熱源も使用機種に付属する取扱説明書に従って使用してください。

オーブンはもちろん、トースターや電子レンジなどで加熱することができます。本書では、電子レンジはメインの加熱ではなく、下ごしらえとしての使用をおすすめしています。

加熱時間の目安比

使用する熱源によって火力、加熱時間は異なります。
下記を参考に調整してください。

※使用機種によっても火の通り方は異なります。過剰加熱にならないように注意しましょう。

火力

ガスコンロ
魚焼きグリル

1

← 魚焼きグリルが片火の場合は両火に比べて火が通りにくいですが、火力が集中しやすいので途中で様子を見ながら調節してください。

ガスコンロ 魚焼きグリル
一番火力が強く時短になる！

加熱時間はガスコンロの魚焼きグリルを1として考えます。特に両火グリルは一番火力が強く、加熱時間も短くすみます。

IHコンロ
魚焼きグリル
約**1.5～2**倍

IHコンロ 魚焼きグリル
ガスコンロよりやや火力は弱め

IHの魚焼きグリルはガスコンロよりも火力が弱くなるため、様子を見ながら加熱時間を1.5〜2倍に調整します。

※いずれも熱が当たる部分だけが焦げてしまうときは無理に加熱し続けず、余熱で蒸らすなどして様子をみましょう。15分程は熱々です。

オーブン・トースター
約**1.5～3**倍

オーブン｜トースター
じっくり加熱する

オーブンは230℃に予熱、トースターは1000Wの場合、ガスコンロの魚焼きグリルの1.5〜3倍の加熱時間が必要になります。グリルが小さく入らない場合や取り出しにくい場合、またクッキングシートを使用する場合はオーブンやトースターを使いましょう。

時間

INTRODUCTION

本書の見方

本書で紹介するレシピの見方と、調理をする前に確認しておくことをまとめました。

つけ合わせにもおすすめなスウェーデン料理
ハッセルバックベジ

材料 / 2人分
- じゃがいも（メークイン） 2個
- にんじん 2/3本
- ズッキーニ 1/2本
- オリーブオイル 小さじ1
- 【A】
  - アンチョビ（叩く） 3枚
  - バター（常温に戻す） 20g
- ローズマリー 2枝

作り方

1 材料を切る
じゃがいもは葉に当たらないように底面を少し切り落とす。まな板にじゃがいもを横向きにおいて上下に菜箸をおき、包丁で3〜4mm間隔で切れ目を入れる。にんじん、ズッキーニはそれぞれ縦半分に切り、じゃがいもと同様に切れ目を入れる。

2 電子レンジで下ごしらえする
グリラーにオリーブオイルを引き、1のじゃがいもとにんじんを並べ、蓋をして電子レンジで約3分加熱する。ズッキーニを足して、さらに2分加熱する。

3 加熱する
蓋を取り、合わせた【A】、ローズマリーをのせる。蓋をして、約2分予熱した魚焼きグリルに入れ、中火で約10分（片火 弱火で9〜11分）加熱したら火を止め、約2分おいて余熱調理する。

\ Before /

Before
加熱前の食材の並べ方を写真で紹介しています。

材料
レシピは2人分を基本としています。その他、ごはんものは1人分、作りやすい分量としているものがあります。

作り方
両火の魚焼きグリルの作り方を基本としています。片火の場合も基本の手順は同じですが、火加減などは 片火 を参照してください。

電子レンジ調理
電子レンジを使った下ごしらえの加熱時間です。根菜類など火が通りにくいものは、電子レンジで加熱をしておくと時短になります。

加熱調理
両火の魚焼きグリルを約2分予熱してから調理した場合の加熱時間を表しています。片火グリルの場合は 片火 の時間を参照して様子を見ながら調整してください。

余熱調理
火を止めてから蓋をしたまおく時間を表しています。グリラーの保温性の高さを利用しているので、短い加熱時間で余熱調理が可能です。

予熱について
本書のレシピは加熱前にグリル庫内を約2分予熱することで火回りをよくしています。予熱をしない場合は余熱調理を追加するなどして調整しましょう。

レシピの決まり

本書ではガスコンロの両火の魚焼きグリルを使って調理しています。

- 大さじ1は15ml、小さじ1は5mlです。
- 電子レンジは600Wを使用しています。
- 卵はLサイズを使用しています。
- 食材は特別な場合を除き、洗い、皮むきなどの工程は省略しています。
- 加熱時間は目安です。使用環境により異なる場合があります。また、魚焼きグリルの奥は手前よりも高温になりやすいことがあります。様子を見ながら調整してください。
- 煮込み料理などは調理中にふきこぼれないよう、加熱時間に注意しながら様子を見てください。
- 下味をつけるときの半日は4〜5時間、一晩は8〜10時間を目安としてください。
- 加熱後にグリラーを取り出す際は、やけどに注意しながら扱ってください。
- 陶器の特性上、一度グリラーについた焦げは取れないことがあります。
- 両火の魚焼きグリルは全体的に火が回りやすく、片火の魚焼きグリルは火力が集中しやすいため、焦げやすいです。様子を見ながら調整してください。
- 片火の魚焼きグリルの場合、熱源が近く、加熱ムラが起きやすいので電子レンジでの下ごしらえを加えたり、蓋につかないよう食材の高さを工夫してください。
- グリラーは陶器の特性上、使うごとにススなどが染みついて器の味わいを深めていきます。使用後、表面のこすって取れる汚れはメラミンスポンジなどを使ってこまめに取り除くようにしましょう。

Part 1

一品でごちそう！
肉のおかず

オーブンだと時間がかかる肉料理も
グリラーで焼けば時短でラクラク。
そのまま焼くだけで、柔らかくジューシーな一品に。

パン粉焼きでヘルシーに
ミラノ風カツレツ

Before

加熱 9 min

材料／2人分

豚ロース肉とんかつ用 …… 2枚
トマト（中） ………………… 1個
【香草パン粉】
　パン粉 ………………… 大さじ4
　粉チーズ ……………… 大さじ1
　パセリ ………………………… 少々
塩・こしょう …………… 各少々
オリーブオイル ……… 大さじ3
バジルの葉 …………………… 適量

作り方

1　材料を切る
豚肉は筋を切り、叩いて塩、こしょうをする。トマトは1cmの角切りにする。

2　グリラーに並べて加熱する
グリラーにオリーブオイル大さじ1/2を引き、1の豚肉を並べ、合わせた【香草パン粉】をのせたら残りのオリーブオイルを回しかける。蓋をして《片火 電子レンジで約2分加熱後》、約2分予熱した魚焼きグリルに入れ、中火で約6分《片火 弱火で5〜7分》加熱する。

3　トマトを加熱する
蓋を取り、隙間にトマトをのせ、中火で3〜5分《片火 弱火で1〜2分》加熱し、パン粉が香ばしく焼けたら取り出し、バジルの葉をのせる。

Part 1　一品でごちそう！ 肉のおかず

豆苗とえのきのシャキシャキ食感が楽しい
豆苗の豚巻き梅ソースがけ

加熱 12min / 余熱 5min

材料／2人分

- 豚ばら薄切り肉 …………… 140g
- 豆苗 ………… 2/3パック（100g）
- えのきだけ … 1/3パック（80g）

【梅ソース】
- 梅干し ………………… 2〜3個
- みりん ………………… 大さじ2
- かつお節 ……………… 3つまみ
- ごま油 ………………… 大さじ1

\ Before /

作り方

1　梅ソースを作る
梅干しは種を取り、叩いてペースト状にしたらボウルに入れてかつお節と合わせ、みりんでのばす。

2　豆苗巻きとえのき巻きを作る
豆苗とえのきだけはそれぞれ4等分にして豚肉で巻く。

3　グリラーに並べて加熱する
グリラーにごま油小さじ1/2を引き、2を交互になるように並べ、残りのごま油を回しかける。蓋をして、約2分予熱した魚焼きグリルに入れ、中火で約12分《片火 弱火で8〜10分》加熱したら火を止め、約5分おいて余熱調理する。1をかける。◎蓋に具材がつくようなら油を引く（P.6）。

香ばしいごまだれが食欲をそそる
塩豚ねぎ焼き

加熱 10min

材料／2人分

- 豚ばらかたまり肉 ……… 300g
- 長ねぎ（緑の部分も含む）…… 1本
- 塩 ……………………… 小さじ2/3

【A】
- ごま油 ………………… 大さじ1
- 塩 ……………………… 小さじ1/2
- こしょう ……………… 少々

\ Before /

作り方

1　塩豚を作る
豚肉は塩をまぶしてキッチンペーパーを巻き、ラップをして冷蔵庫で1〜2日寝かせる。

2　材料を切る
1を8mmの厚さに切り、長ねぎは斜め薄切りにする。

3　グリラーに並べて加熱する
グリラーに2を交互に並べ、合わせた【A】をかける。蓋をして、約2分予熱した魚焼きグリルに入れ、中火で10〜12分《片火 弱火で9〜13分》加熱する。◎蓋に具材がつくようなら油を引く（P.6）。

Part 1 　一品でごちそう！　肉のおかず

豚こまを使って、揚げずにできる

ポークボール酢豚

 加熱 10min

材料／2人分

豚こま切れ肉	200g
ズッキーニ	1/2本
玉ねぎ	1/2個
にんじん	3cm
酒	大さじ1/2
塩	少々
片栗粉	大さじ1/2
【A】	
ケチャップ	大さじ2
砂糖	大さじ1
しょうゆ	大さじ1/2
酢	大さじ1/2
ごま油	小さじ1

作り方

1 材料を切り下味をつける

ボウルに豚肉、酒、塩を入れて揉み込み、片栗粉を混ぜて食べやすい大きさに丸める。ズッキーニは3cm長さに切り、放射状に4等分する。玉ねぎは薄切り、にんじんはいちょう切りにする。

2 グリラーに入れて加熱する

グリラーにごま油を引き、1と合わせた【A】を入れる。蓋をして《片火 電子レンジで約2分加熱後》、約2分予熱した魚焼きグリルに入れ、中火で約10分《片火 弱火で8〜10分加熱したら一旦蓋を取って混ぜ、蓋をしてさらに3〜4分》加熱する。

Part 1 一品でごちそう！ 肉のおかず

ごはんが進む人気おかずも10分で！
チンジャオロースー

加熱 10min

材料／2人分

- 豚もも薄切り肉 ………… 120g
- ピーマン ………………… 3個
- たけのこ（水煮）………… 70g
- 塩 ………………………… 少々
- 片栗粉 …………………… 小さじ2
- 【A】
  - しょうゆ …………… 小さじ1
  - 酒 …………………… 小さじ1
  - オイスターソース … 小さじ1/2
  - こしょう …………… 少々
- ごま油 …………………… 適量

\ Before /

作り方

1 材料を切り下味をつける
豚肉は4mm幅の細切りにし、塩と片栗粉小さじ1をまぶす。ピーマンは縦3mm幅の細切り、たけのこは穂先は薄切り、ほかは3mm幅の細切りにする。

2 グリラーに入れて加熱する
グリラーにごま油を引き、1を入れ、残りの片栗粉を全体にまぶし、【A】を回しかけて混ぜる。蓋をして《片火 電子レンジで約2分加熱後》、約2分予熱した魚焼きグリルに入れ、中火で約10分《片火 弱火で5〜6分加熱したら一旦蓋を取って混ぜ、蓋をしてさらに3〜4分》加熱する。

マリネ液にしょうゆを加えて食べやすく
豚と野菜の和風マリネ焼き

加熱 10 min

材料／2人分

豚肩ロースかたまり肉 … 300g
まいたけ ……… 1パック（100g）
ししとう ………………… 1パック
赤パプリカ ………………… 1/2個

【マリネ液】
　玉ねぎ（すりおろし）… 1/6個分
　りんご（すりおろし）… 1/6個分
　にんにく（すりおろし）… 小さじ1/3
　しょうゆ …………… 大さじ1
　酒 …………………… 大さじ1

作り方

1 下味をつける
保存袋に豚肉と【マリネ液】を入れ、半日〜一晩つけ込む。

2 材料を切る
1を1cm幅に切り、【マリネ液】は取っておく。まいたけは食べやすい大きさに分け、ししとうは穴をあける。パプリカは縦1cm幅に切る。

3 グリラーに並べて加熱する
グリラーに2を並べ、残った【マリネ液】を回しかける。蓋をして《片火 電子レンジで約2分加熱後》、約2分予熱した魚焼きグリルに入れ、中火で約10分《片火 弱火で5〜6分加熱したら一旦蓋を取って混ぜ、蓋をしてさらに3〜4分》加熱する。◎蓋に具材がつくようなら油を引く（P.6）。

\ Before /

一品でごちそう！ 肉のおかず

はちみつで鶏肉をふっくら柔らかく

ハニーチキン

 13*min*　 4*min*

材料／2人分

鶏もも肉（小）	2〜3枚
塩・こしょう	各少々
【A】	
はちみつ	大さじ2
白ワイン	大さじ1
しょうゆ	小さじ1
オリーブオイル	適量

作り方

1　材料を切り下味をつける

鶏肉は余分な脂肪を取り除き、フォークで皮目にまんべんなく穴をあけ、塩、こしょうをする。保存袋に鶏肉と【A】を入れ、混ぜてから冷蔵庫で30分〜できたら半日おく。

2　加熱する

グリラーにオリーブオイルを引き、**1**を汁ごと入れる。蓋をして《 片火 電子レンジで約2分加熱後》、約2分予熱した魚焼きグリルに入れ、中火で約12分《 片火 弱火で約6分加熱したら一旦蓋を取って鶏肉の表と裏を返し、蓋をしてさらに約4分》加熱したら火を止め、約4分おいて余熱調理する。蓋を取り、強火で約1分《 片火 弱火で2〜3分》香ばしく加熱する。

とろ〜りチーズと甘辛だれが相性抜群
チーズタッカルビ

加熱 17min

材料／2人分

- 鶏もも肉（唐揚げ用でも可）…250g
- キャベツ …………… 2枚（120g）
- 玉ねぎ ………………… 1/2個
- にんじん ………… 1/4本（40g）

【つけだれ】
- しょうゆ …………… 大さじ2
- みりん ……………… 大さじ2
- コチュジャン ……… 大さじ1
- 砂糖 ………………… 大さじ1/2
- にんにく（すりおろし）… 1/2片分
- ピザ用チーズ ……………… 80g

\ Before /

作り方

1 材料を切り下味をつける
鶏肉はひと口大に切り、キャベツはひと口大にざく切り、玉ねぎは薄切り、にんじんは拍子切りにする。ボウルに【つけだれ】と合わせて30分以上おく。

2 グリラーに入れて加熱する
グリラーに1を入れる。蓋をして《片火 電子レンジで約2分加熱後》、約2分予熱した魚焼きグリルに入れ、中火で約14分《片火 弱火で12〜14分》加熱する。

3 チーズを溶かす
蓋を取り、具材を両端に寄せ、中央のあいたところにピザ用チーズをおく。蓋をせず中火で3〜4分《片火 弱火で2〜3分》チーズが溶けるまで加熱する。

パインの甘酸っぱさで南国気分を味わえる一品

アジアンチキン

加熱
16 min

材料／2人分

鶏もも肉（唐揚げ用でも可）…… 300g
カットパイン ……………… 100g
塩・こしょう …………… 各少々
【A】
　スイートチリソース
　　　　　　　　………… 大さじ2
　ナンプラー ………… 小さじ2
パクチー ………………… 適量

作り方

1 材料を切り下味をつける
鶏肉はひと口大に切り、塩、こしょうをし、よく揉み込む。

2 グリラーに入れて加熱する
グリラーに1とカットパイン、【A】を入れて混ぜ、蓋をして《片火 電子レンジで約2分加熱後》、約2分予熱した魚焼きグリルに入れ、中火で約14分《片火 弱火で約10分加熱したら一旦蓋を取って鶏肉の表と裏を返し、蓋をしてさらに4〜5分》加熱する。蓋を取り、中火で約2分《片火 弱火で約2分》加熱し、焦げ目をつけたら取り出してパクチーを添える。◎蓋に具材がつくようなら油を引く（P.6）。

\ Before /

Part 1 一品でごちそう！ 肉のおかず

下味をつけて焼くだけ！
タンドリーチキン

加熱 14min

材料／2人分

手羽元 …………………… 6本
黄パプリカ …………… 1/2個
【A】
　プレーンヨーグルト
　　………………… 大さじ2
　ケチャップ … 小さじ1と1/2
　カレー粉 ………… 小さじ1
　しょうが（すりおろし）
　　………………… 小さじ1/2
　塩 ………………… 小さじ1/2
　こしょう ……………… 適量

作り方

1 下味をつける
保存袋に手羽元を入れ、【A】をよく揉み込み、半日〜一晩冷蔵庫でおく。パプリカは乱切りにする。

2 グリラーに入れる
グリラーに1の鶏肉を取り出して入れ、隙間にパプリカを加える。

3 加熱する
蓋をして《 片火 電子レンジで約3分加熱後》、約2分予熱した魚焼きグリルに入れ、中火で約14分《 片火 弱火で8〜10分加熱したら一旦蓋を取って鶏肉の表と裏を返し、蓋をしてさらに約6分》加熱する。◎蓋に具材がつくようなら油を引く（P.6）。

皮はパリパリ、中はジューシーに仕上がる
手羽先と長いもの ゆずこしょう焼き

 加熱 14min

材料／2人分

手羽先	5〜6本
長いも	10cm（150g）
【A】	
酒	大さじ1
ゆずこしょう	小さじ1
塩	少々
ごま油	適量
好みで一味唐辛子	適宜

作り方

1　材料を切る
手羽先は骨を避けて、フォークで肉に穴をあける。長いもは皮をむき、5cm長さにして放射状に6〜8等分する。

2　グリラーに入れて加熱する
グリラーにごま油を引き、1を並べ、【A】を揉み込む。蓋をして《 片火 電子レンジで約2分加熱後》、約2分予熱した魚焼きグリルに入れ、中火で約8分《 片火 弱火で4〜6分加熱したら一旦蓋を取って手羽先の表と裏を返し、蓋をしてさらに2〜3分》加熱する。蓋を取り、中火で約6分《 片火 弱火で2〜3分》加熱し、焼き目がついたら取り出し、好みで一味唐辛子をふる。

甘じょっぱいたれにトマトの酸味がマッチ
トマトすき煮

8 min

材料／2人分

牛すき焼き肉	200g
トマト（中）	2個
小ねぎ	1/2束

【A】
- しょうゆ 大さじ1と1/2
- 酒 大さじ1
- みりん 大さじ1
- 砂糖 大さじ1

作り方

1 材料を切る
トマトはくし切りに、小ねぎは4cm長さに切る。

2 グリラーに並べて加熱する
グリラーに1のトマトを斜めに並べ、くぼみに小ねぎ、牛肉をおき、合わせた【A】を回しかける。蓋をして、約2分予熱した魚焼きグリルに入れ、中火で約8分《 片火 弱火で7〜9分》加熱する。◎蓋に具材がつくようなら油を引く（P.6）。

鍋で煮込むよりもお手軽にできる

牛ロールデミグラス

加熱 **10**min

材料／2人分

牛薄切り肉	60g
にんじん	1/2本
玉ねぎ	1個
ブロッコリー	1/2房
【A】	
トマト(缶)	1/2缶 (200g)
赤ワイン	大さじ3
トマトケチャップ	大さじ2
中濃ソース	大さじ2
砂糖	大さじ1
バター	20g
塩・こしょう	各少々
薄力粉	少々
好みで生クリーム	適宜

作り方

1 材料を切り下ごしらえする

牛肉を巻いたものを6本作り、表面に薄力粉をはたいておく。にんじんは厚さ6mmのいちょう切り、玉ねぎは薄切り、ブロッコリーは小房に分ける。

2 グリラーに入れて加熱する

グリラーに【A】、**1**を入れる。蓋をして《片火 電子レンジで約2分加熱後》、約2分予熱した魚焼きグリルに入れ、中火で約10分《片火 弱火で8〜10分》加熱する。好みで生クリームをかける。

Part **1** 一品でごちそう！ 肉のおかず

フライパンで焼くよりも簡単！
牛マリネ焼き

加熱 6min

材料／2人分

- 牛ステーキ肉 ……… 2枚 (200g)
- 塩・こしょう …………… 各少々
- 【マリネ液】
  - オリーブオイル …… 大さじ2
  - 赤ワイン …………… 大さじ2
  - ローズマリー ……………… 2枝
  - にんにく(小・薄切り) … 1片分

作り方

1　下味をつける
牛肉はフォークでまんべんなく穴をあけ、塩、こしょうをしておく。保存袋に【マリネ液】、牛肉を入れて冷蔵庫で30分〜1時間おく。

2　グリラーに入れて加熱する
グリラーに1を【マリネ液】ごと入れる。蓋をして《片火 電子レンジで約1分加熱後》、約2分予熱した魚焼きグリルに入れ、中火で6〜7分《片火 弱火で4〜5分》加熱する。

\ Before /

ラム肉を叩いてジューシーさをアップ
ラムバーグ

加熱 10min / 余熱 5min

材料／2人分

- ラム薄切り肉 …………… 400g
- レモン（くし切り）……… 1/2個分
- 【A】
  - 白ワイン ………… 大さじ2
  - 塩 ………………… 小さじ1/3
  - クミンシード …… 小さじ1/3
  - にんにく（すりおろし）…少々
  - こしょう ………………… 少々
- オリーブオイル …………… 適量
- バジルの葉 ………… 4～6枚

\ Before /

作り方

1 ラム肉のひき肉を作る
ラム肉は冷凍庫で約30分冷やし、半冷凍状態で包丁で叩き、ひき肉状にする。

2 成形する
ボウルに1、【A】を入れてよく混ぜ、4等分にし、丸く成形する。

3 グリラーに並べて加熱する
グリラーにオリーブオイルを薄く引き、2を並べて真ん中を指で軽く押さえ、隙間にレモンをおく。蓋をして《 片火 電子レンジで約2分加熱後》、約2分予熱した魚焼きグリルに入れ、中火で約10分《 片火 弱火で8～10分》加熱したら火を止め、約5分おいて余熱調理する。取り出して、バジルの葉を添える。

Part 1 一品でごちそう！ 肉のおかず

33

こんがりチーズが味のアクセントに
クリームチーズ
ハンバーグ

 15min

材料／2人分

合びき肉	250g
玉ねぎ	1/4個
【A】	
パン粉	大さじ3
牛乳	大さじ3
溶き卵	1/2個分
ケチャップ	大さじ1
中濃ソース	大さじ1/2
塩・こしょう	各少々
クリームチーズ	40g

作り方

1 タネを作る
ボウルにひき肉、みじん切りにした玉ねぎ、【A】を入れ、粘りが出るまでよく混ぜる。

2 成形する
1を4等分にし、丸く成形する。

3 グリラーに並べて加熱する
グリラーに2を並べて真ん中を指で軽く押さえる。蓋をして《 片火 電子レンジで約2分加熱後》、約2分予熱した魚焼きグリルに入れ、中火で約12分《 片火 弱火で10～12分》加熱したら蓋を取り、クリームチーズをのせ、中火で約3分《 片火 弱火で1～2分》加熱し、クリームチーズに軽く焦げ目をつける。

Part 1 一品でごちそう！ 肉のおかず

成形なしでできる和のおかず
きんぴらつくね

加熱
14 min

材料／2人分

鶏ももひき肉	200g
木綿豆腐	100g
にんじん	1/4本(40g)
ごぼう	1/4本(40g)
卵	1/2個
しょうが（すりおろし）	小さじ1
塩	小さじ1/3
片栗粉	大さじ1/2
うずらの卵	6個
【たれ】	
しょうゆ	大さじ1と1/2～2
砂糖	大さじ1
みりん	大さじ1
好みで山椒や七味唐辛子	適宜

作り方

1 材料を切り下ごしらえする
豆腐は電子レンジで約2分加熱し、重しをして水切りする。にんじんは細切りに、ごぼうはささがきにして水にさらし、ザルにあける。

2 グリラーに入れる
ボウルにひき肉、卵、しょうが、塩を入れ、ねばりが出るまで混ぜ、**1**、片栗粉を加え混ぜる。グリラーに入れ、平らにならし、指で少し押して6箇所くぼみを作る。

3 加熱する
蓋をして《 片火 電子レンジで約2分加熱後》、約2分予熱した魚焼きグリルに入れ、中火で約12分《 片火 弱火で10～12分》加熱する。蓋を取り、**2**のくぼみにうずらの卵を落とし、合わせた【たれ】をかけ、中火で2～3分《 片火 弱火で2～3分》加熱する。好みで山椒や七味唐辛子をふる。
◎うずらの卵の代わりに焼き上がりに卵黄を落としても。

メープルの甘さとベーコンの塩味がくせになる

ベーコンとさつまいもと りんごのメープル焼き

2 min / 7 min

材料／2人分

厚切りベーコン …………… 70g
さつまいも（小）…… 1本（200g）
りんご ………………………… 1/2個
塩 ………………………………… 少々
メープルシロップ …… 大さじ3
アーモンドスライス ……… 15g

作り方

1 材料を切る
ベーコンは1cmの棒状に、さつまいもは厚さ8mmの半月切りに、りんごは薄めのくし切りを半分の長さにする。

2 電子レンジで下ごしらえする
グリラーに1のさつまいもを並べる。蓋をして電子レンジで2〜3分加熱する。

3 加熱する
1のりんご、ベーコンを加えて塩をふり、メープルシロップをかける。蓋はせず、約2分予熱した魚焼きグリルに入れ、中火で約7分《片火 弱火で6〜8分》加熱する。アーモンドスライスを散らし、中火で30秒〜1分《片火 弱火で30秒〜1分》加熱する。

\ Before /

Part 1 一品でごちそう！肉のおかず

お弁当にもぴったりなサブおかず
コンビーフキャベツ

加熱 10min

材料／2人分

- コンビーフ（缶）……………1缶
- キャベツ………2〜3枚（120g）
- コーン（缶）……………大さじ3
- 粉チーズ……………大さじ1/2
- オリーブオイル………大さじ2
- 塩・こしょう……………各少々

作り方

1 材料を切る
キャベツは3cm角のざく切りにする。

2 グリラーに並べる
グリラーにオリーブオイル小さじ1を引き、1を入れ、コンビーフを崩しながらのせ、コーンを散らす。塩、こしょうをし、粉チーズと残りのオリーブオイルを回しかける。

3 加熱する
蓋をして、約2分予熱した魚焼きグリルに入れ、中火で約10分《 片火 弱火で9〜11分》加熱する。

\ Before /

Part 2

ふっくら焼き上げ！
魚介のおかず

グリラーの遠赤外線効果で、魚介もふっくらと焼き上げます。
ちょっとこだわりたい日から日常のおかずまで、
幅広いシーンに対応できるレシピを集めました。

遠赤外線で魚介の旨みをじっくり閉じ込める

アクアパッツァ

 10 min

材料／2人分

白身魚（たい、きんめだいなど）切り身	2切れ
あさり	150g
玉ねぎ	1/4個
ブラックオリーブ	4個
ミニトマト	3〜4個
ケッパー	小さじ1
タイム	1枝
白ワイン	大さじ2
オリーブオイル	大さじ2
塩・こしょう	各少々

作り方

1 材料を切り下処理する

白身魚は塩適量（分量外）をして約10分おき、水洗いする。あさりは砂抜きし、殻をすり合わせて洗う。玉ねぎ、ブラックオリーブは薄切りに、ミニトマトは半分に切る。

2 グリラーに入れて加熱する

グリラーにオリーブオイル小さじ1を引き、1、ケッパーを入れて白ワイン、残りのオリーブオイルをかける。塩、こしょうをしてタイムをのせる。蓋をして《 片火 電子レンジで約2分加熱後》、約2分予熱した魚焼きグリルに入れ、中火で約10分《 片火 弱火で8〜10分》加熱する。

Part 2 ふっくら焼き上げ！ 魚介のおかず

ほくほくのたらを熱いうちに召し上がれ
たらとじゃがいものグラタン

2 min / 14 min

材料／2人分

甘塩たら	2切れ
じゃがいも（中）	2個（400g）
生クリーム	100ml
バター	10g
パルミジャーノレッジャーノ	適量
塩・こしょう	各少々
ナツメグ	少々

作り方

1 材料を切る
じゃがいもは皮をむき、できるだけ薄く切る（スライサーを使っても）。たらはひと口大に切る。

2 電子レンジで下ごしらえする
グリラーに分量内のバター適量を塗り、1のじゃがいもを並べる。蓋をして電子レンジで2〜3分加熱する。

3 加熱する
1のたらと残りのバターをちぎってのせ、生クリームをかける。塩、こしょう、ナツメグ、パルミジャーノレッジャーノをふる。蓋をして《電子レンジで約2分加熱後》、約2分予熱した魚焼きグリルに入れ、中火で約12分《弱火で約10分》加熱する。蓋を取り、中火で約2分《片火 弱火で1〜2分》加熱する。

\ Before /

黄身とみそのこっくりあんが香ばしい
さわらの黄身あん焼き

加熱 10min

材料／2人分

- さわら …………… 2切れ
- ししとう …………… 8本
- 酒 …………… 大さじ1/2

【黄身あん】※作りやすい分量
- 卵黄 …………… 1個
- 白みそ …………… 大さじ2
- みりん …………… 小さじ1

作り方

1 材料を下ごしらえする
さわらは塩適量（分量外）をして約10分おき、水洗いする。ししとうは爪楊枝で穴をあける。

2 グリラーに並べて加熱する
グリラーに**1**を並べ、酒をかける。蓋をして《片火 電子レンジで約2分加熱後》、約2分予熱した魚焼きグリルに入れ、中火で約8分《片火 弱火で6〜8分》加熱する。蓋を取り、合わせた【黄身あん】を塗り、そのまま中火で約2分《片火 弱火で1〜2分》加熱し、焦げ目をつける。

\ Before /

Part 2 ふっくら焼き上げ！ 魚介のおかず

レモンとクリームの組み合わせは女性に喜ばれる味

サーモンの
レモン&クリーム

 8 min  2 min

材料／2人分

生鮭	2切れ
玉ねぎ	1/2個
レモン（輪切り）	2枚
クリームチーズ	20g
タイム	2枝
白ワイン	小さじ1
生クリーム	80ml
塩・こしょう	各少々

作り方

1 材料を切り下処理する

生鮭は塩適量（分量外）をして約10分おき、水洗いする。玉ねぎは薄切りにする。

2 グリラーに入れて加熱する

グリラーに**1**の玉ねぎを敷き、生鮭、レモン、クリームチーズ、タイムの順にのせる。生鮭の上に白ワイン、生クリームをかけ、全体に強めに塩、こしょうをする。蓋をして《 片火 電子レンジで約2分加熱後》、約2分予熱した魚焼きグリルに入れ、中火で約8分《 片火 弱火で6〜8分》加熱したら火を止め、約2分おいて余熱調理する。◎蓋に具材がつくようなら油を引く（P.6）。

Part 2 ふっくら焼き上げ！ 魚介のおかず

魚が苦手な子どもも食べやすい

カジキカレーグリル

加熱 8min　余熱 2min

材料／2人分

カジキマグロ	2切れ
オクラ	8本
塩・こしょう	各少々
【A】	
カレー粉	小さじ1
薄力粉	大さじ1/2
オリーブオイル	大さじ2

作り方

1 材料を切る
カジキマグロはひと口大に、オクラは斜め半分に切る。

2 グリラーに並べて加熱する
グリラーに**1**を並べ、塩、こしょうをして【A】をまぶし、オリーブオイルを回しかける。蓋をして、約2分予熱した魚焼きグリルに入れ、中火で約8分《片火弱火で7～9分》加熱したら火を止め、約2分おいて余熱調理する。

\ Before /

手間がかかる照り焼きもあっという間

ぶり照り

加熱
10 min

材料／2人分

ぶり	2切れ
長ねぎ	1/2本
【A】	
しょうゆ	大さじ1
みりん	大さじ1
酒	大さじ1/2
砂糖	大さじ1/2

\ Before /

作り方

1　材料を切り下処理する
ぶりは塩適量（分量外）をして10分おき、水洗いする。長ねぎは5cm長さにし、斜めに切り込みを入れる。

2　下味をつける
保存袋に合わせた【A】と1を入れ、冷蔵庫で約30分つけ込む。

3　グリラーに入れて加熱する
グリラーに2をつけだれごと入れる。蓋をして、約2分予熱した魚焼きグリルに入れ、中火で約7分《片火 弱火で6〜8分》加熱する。蓋を取り、中火で3分《片火 弱火で約3分》加熱する。

Part 2 ふっくら焼き上げ！魚介のおかず

ジューシーなぶりにほんのり香りづけ

ぶりの
ローズマリー焼き

材料／2人分

ぶり	2切れ
赤パプリカ	1/3個
エリンギ	50g
レモンスライス（半月切り）	4枚
塩・こしょう	各少々

【A】
- オリーブオイル …… 大さじ2
- 白ワイン ………… 大さじ2
- ローズマリー ………… 2枝
- にんにくスライス … 1/2片分

作り方

1 材料を切り下処理する
ぶりは塩適量（分量外）をして10分おき、水洗いする。パプリカは乱切り、エリンギは4cm長さにして放射状に4等分する。

2 マリネする
保存袋に**1**、レモンスライスを入れ、塩、こしょうをし、合わせた【A】を加える。約30分冷蔵庫におく。

3 グリラーに入れて加熱する
グリラーに**2**を【マリネ液】ごと入れ、蓋をして《片火 電子レンジで約2分加熱後》、約2分予熱した魚焼きグリルに入れ、中火で約10分《片火 弱火で8〜10分》加熱したら火を止め、約4分おいて余熱調理する。

Part 2 ふっくら焼き上げ！ 魚介のおかず

いわしを小鳥に見立てたイタリア料理

いわしの
ベッカフィーコ

加熱 10min

材料／2人分

真いわし …………… 4尾
【A】
　パン粉 ………… 大さじ8
　オリーブオイル …… 大さじ3
　にんにく（みじん切り）
　………………… 小さじ1/2
　オレンジの皮（すりおろし）
　………………………… 少々
　スライスアーモンド
　………………… 大さじ1
オレンジ ………… 1/2個
ベイリーフ ………… 4枚
オリーブオイル
　……………… 大さじ1と1/2

作り方

1　材料を切り下ごしらえする

オレンジは8mm厚さの半月切りにする。いわしは開いて軽く塩、こしょう（分量外）し、合わせた【A】を適量包む。

2　グリラーに並べて加熱する

グリラーにオリーブオイル大さじ1/2を引き、**1**のオレンジの上にいわしを並べる。上に残りの【A】をかける。ベイリーフをいわしに挟み、残りのオリーブオイルをかける。蓋をして、約2分予熱した魚焼きグリルに入れ、中火で約8分《 片火 弱火で7～9分》加熱する。蓋を取り、中火で約2分《 片火 弱火で約1分》加熱する。

ごはんが進む、みんな大好きな味

あじとしいたけの
バターしょうゆ

加熱 12 min / 余熱 4 min

材料／2人分

- あじ ……………………… 2尾
- しいたけ …………………… 6枚
- 【A】
  - バター ………………… 20g
  - しょうゆ ……………… 小さじ2
- サラダ油 ………………… 大さじ1
- 小ねぎ（小口切り）………… 大さじ1

\ Before /

作り方

1 材料を切り下処理する

あじは内臓とぜいごを取り、塩適量（分量外）をして約10分おき、水洗いする。しいたけは2～3等分の削ぎ切りにする。

2 グリラーに並べて加熱する

グリラーにサラダ油大さじ1/2を引き、**1**のあじを並べ、両面に塩適量（分量外）をする。しいたけを隙間におき、残りのサラダ油を回しかける。蓋をして《 片火 電子レンジで約2分加熱後》、約2分予熱した魚焼きグリルに入れ、中火で約12分《 片火 中火で6～8分加熱したら一旦蓋を取ってあじの表と裏を返し、さらに2～3分》加熱する。火を止め、約4分おいて余熱調理する。合わせた【A】をかけ、小ねぎを散らす。

粒マスタードとトマトがアクセント

さばとじゃがいもの粒マスタードソース

2min / 6min

材料／2人分

さば缶（水煮） ……… 1缶（150g）
じゃがいも（中） …… 2個（200g）
トマト（小） ……………… 1個
【A】
　マヨネーズ ………… 大さじ2
　粒マスタード ……… 大さじ1
　塩・こしょう ……… 各少々

作り方

1　材料を切る
じゃがいもは4mm厚さの薄切りに、トマトは1.5cm角に切る。

2　電子レンジで下ごしらえする
グリラーに1のじゃがいもを並べ、蓋をして電子レンジで2～3分加熱する。

3　加熱する
さば缶を汁ごと加えて1のトマトを入れ、合わせた【A】を斜めにかける。蓋はせず約2分予熱した魚焼きグリルに入れ、中火で約6分《片火 弱火で6～8分》加熱し、軽く焼き目をつける。

\ Before /

Part 2 ふっくら焼き上げ！ 魚介のおかず

缶詰を使えば魚料理もよりお手軽に
サババビアータ

加熱 12min

材料／2人分

さば缶 …………… 1缶（150g）
トマト缶 ………… 1/2缶（200g）
玉ねぎ ……………………… 1/2個
唐辛子（輪切り）…………… 1本分
塩 ………………………………… 少々
オリーブオイル ……… 大さじ1
パルミジャーノレッジャーノ
………………………………………… 適量

作り方

1 材料を切る
玉ねぎは薄切りにする。

2 グリラーに入れて加熱する
グリラーにトマト缶、さば、さば缶の汁半量を入れる。唐辛子を入れ、塩、オリーブオイルをかけて混ぜる。蓋をして、約2分予熱した魚焼きグリルに入れ、中火で約12分《 片火 弱火で11～13分》加熱する。蓋を取り、パルミジャーノレッジャーノをかける。

\ Before /

豆板醤の辛みが食欲をそそる
たことなすのピリ辛

加熱 10min **余熱 5min**

材料／2人分

たこ ……………………… 250g
なす ………………………… 3本
【A】
　にんにく（みじん切り）… 1片分
　ごま油 ……………… 大さじ2
　豆板醤 …………… 小さじ1/3
白炒りごま ……………… 適量

作り方

1 材料を切る
たこはひと口大に切る。なすは縞目に皮をむき、小さめの乱切りにする。

2 グリラーに入れて加熱する
グリラーに【A】、1を入れ混ぜる。蓋をして、約2分予熱した魚焼きグリルに入れ、中火で約10分《 片火 弱火で9～11分》加熱したら火を止め、約5分おいて余熱調理する。蓋を取り、白ごまをふる。

\ Before /

プリプリのいかをさっぱりと食べられる

いかとセロリと
グレープフルーツのグリル

加熱 7min
余熱 2min

材料／2人分

いか …………………… 1杯
セロリ ………………… 1本
グレープフルーツ ……… 1個
【A】
　アンチョビ（叩く） ……… 3枚
　オリーブオイル …… 大さじ2
　塩・こしょう ……… 各少々

\ Before /

作り方

1　材料を切り下処理する
いかは下処理して身は輪切り、足は2〜3本ずつに切り分ける。セロリは筋を取って茎は1cm幅の斜め切り、葉はざく切りにする。グレープフルーツは小房に分けて薄皮を剥ぐ。

2　グリラーに並べて加熱する
グリラーに1のセロリを敷いて、いか、グレープフルーツを並べ、合わせた【A】をかける。蓋をして、約2分予熱した魚焼きグリルに入れ、中火で約7分《片火 弱火で6〜8分》加熱したら火を止め、約2分おいて余熱調理する。

柔らかないかとソースの相性が絶妙

いかとブロッコリーの
オイスターマヨ

材料／2人分

いか	1杯
ブロッコリー	1房
ヤングコーン	8本
塩・こしょう	各少々

【A】
- マヨネーズ 大さじ2
- オイスターソース 大さじ1/2

\ Before /

作り方

1 材料を切り下処理する
いかは下処理して身は輪切り、足は2〜3本ずつに切り分ける。ブロッコリーは小房に分け、ヤングコーンは斜め半分に切る。

2 電子レンジで下ごしらえする
グリラーに1のブロッコリーとヤングコーンを並べ、蓋をして電子レンジで約2分加熱する。

3 加熱する
1のいかを加え、塩、こしょうをし、合わせた【A】をかける。蓋をして、約2分予熱した魚焼きグリルに入れ、中火で約10分《片火 弱火で9〜11分》加熱する。

Part 2 ふっくら焼き上げ！ 魚介のおかず

おつまみやおもてなし料理におすすめ
ガーリックシュリンプ

加熱 10min

材料／2〜3人分

殻つきえび	360g
片栗粉	大さじ1/2
塩	ひとつまみ

【A】
にんにく（みじん切り）	1片分
白ワイン（または酒）	大さじ2
オリーブオイル	大さじ2
塩	ふたつまみ
黒こしょう	少々

バター	15g
レモン（くし切り）	1/2個
パセリ（みじん切り）	小さじ2

作り方

1 えびを下処理する
えびはキッチンバサミなどで尾の先端を切り、背に殻ごと切り込みを入れ、ワタを取っておく。ボウルにえびと片栗粉、塩を入れ揉み、約1分おいて水洗いする。

2 マリネする
保存袋に**1**と【A】を入れ揉み、1時間以上冷蔵庫におく。

3 グリラーに入れ加熱する
グリラーに**2**をマリネ液ごと入れる。蓋をして、約2分予熱した魚焼きグリルに入れ、中火で約10分《 片火 弱火で6〜8分加熱し、一旦蓋を取って全体を混ぜ、蓋をしてさらに約4分》加熱する。取り出してバターを入れ混ぜ、レモンを添え、パセリを散らす。

Before

濃厚なクリームにえびの旨みが加わる

えびとアボカドのトマトクリーム

加熱 10min

材料／2人分

殻つきえび（中） ……… 8尾
アボカド ………………… 1個
【A】
　トマト缶 …………… 150g
　生クリーム ………… 80ml
　にんにく（すりおろし）…… 少々
　塩・こしょう ……… 各少々
ピザ用チーズ …………… 20g
粗びき黒こしょう ……… 少々

作り方

1　材料を切り下処理する
えびは殻をむき、ワタを取る。アボカドは8mm幅に切る。

2　グリラーに入れて加熱する
グリラーに合わせた【A】、1を入れ、ピザ用チーズを散らす。蓋をして、約2分予熱した魚焼きグリルに入れ、中火で約10分《片火 弱火で9〜11分》加熱する。粗びき黒こしょうをふる。

\ Before /

Part 2　ふっくら焼き上げ！　魚介のおかず

すくって食べられる、お手軽なのに贅沢な一品
かにとじゃがいもの スコップコロッケ

4 min / 10 min 加熱

材料／2〜3人分

じゃがいも ………… 3個（350g）
かに缶 ……………… 1缶（70g）
バター ……………………… 20g
牛乳 ………………………… 大さじ2
ピザ用チーズ ……………… 40g
パン粉 ……………………… 大さじ3

\ Before /

作り方

1 電子レンジで下ごしらえする

じゃがいもは皮をむき、薄切りにして耐熱ボウルに入れ、電子レンジで4〜5分加熱する。柔らかくしたらマッシャーでつぶし、バター、牛乳、かに缶を汁ごと入れ混ぜる。かに缶の塩味によって味が足りないようなら塩、こしょう（分量外）をする。

2 グリラーに入れて加熱する

グリラーに**1**を入れ、ピザ用チーズ、パン粉の順にのせる。蓋をして《 片火 電子レンジで約2分加熱後》、約2分予熱した魚焼きグリルに入れ、中火で約8分《 片火 弱火で5〜6分》加熱する。蓋を取り、中火で2〜3分《 片火 弱火で1〜2分》加熱し、パン粉に焼き目をつける。

Part **3**

あと一品欲しいときの
手間なし野菜おかず

火回りがよく、短時間でもじっくりと食材が加熱できる
グリラーなら、野菜をシンプルに焼くだけで立派なおかずに。
好みの野菜でアレンジしてみるのもおすすめです。

好みの野菜でアレンジしてもOK！

焼きベジ

材料／2人分

れんこん	12cm
緑ズッキーニ	1/2本
黄ズッキーニ	1/2本
さつまいも	12cm
ミニトマト	5〜6個
ローズマリー	2〜3枝
【A】	
オリーブオイル	大さじ2
白ワイン	大さじ1
塩・こしょう	各少々
オリーブオイル	小さじ1

作り方

1　材料を切る
れんこんは皮をむき、ズッキーニ、さつまいもとともに5mm厚さの輪切りにする。ミニトマトは横半分に切る。◎できればれんこん、ズッキーニ、さつまいもの直径が揃ったものを選ぶときれいに仕上がる。

2　電子レンジで下ごしらえする
グリラーにオリーブオイルを引き、**1**のれんこん、さつまいもを並べ、蓋をして電子レンジで約2分加熱する。

3　加熱する
1のズッキーニを挟み、ミニトマトを並べ、根菜の上に【A】をかけ、ローズマリーをのせる。蓋をして、約2分予熱した魚焼きグリルに入れ、中火で約10分《 片火 弱火で9〜11分》加熱する。

グリラーなら油も飛ばず片づけもラク！
マッシュルームのアヒージョ

加熱 10 min / 余熱 3 min

材料／2人分

- マッシュルーム ………… 2パック（12〜16個）
- にんにく（みじん切り）… 小さじ1/2
- 唐辛子 ………………… 1本
- 塩 ……………………… ひとつまみ
- オリーブオイル ……… 大さじ3
- パセリ（みじん切り）……… 適量

作り方

1　材料を切る
マッシュルームが大きい場合は縦半分にする。

2　グリラーに入れて加熱する
グリラーに**1**、にんにく、唐辛子をちぎり入れ、塩、オリーブオイルをかける。蓋をして、約2分予熱した魚焼きグリルに入れ、中火で約10分《 片火 弱火で9〜11分》加熱したら火を止め、約3分おいて余熱調理する。取り出して、パセリを散らす。

\ Before /

ヨーグルトを使ってまろやかな味わいに

ローストカリフラワーの カレーソース

2min 10min

材料／2人分

カリフラワー ……………… 1株
【A】
　プレーンヨーグルト
　……………………… 大さじ3
　オリーブオイル …… 大さじ2
　カレー粉 …………… 小さじ1
　塩 ………………… 小さじ1/3

\ Before /

作り方

1 材料を切る
カリフラワーは小房に切り分ける。

2 電子レンジで下ごしらえする
グリラーに1を並べ、蓋をして電子レンジで約2分加熱する。

3 加熱する
合わせた【A】を回しかける。蓋をして、約2分予熱した魚焼きグリルに入れ、中火で約10分《弱火で9～11分》加熱する。

つけ合わせにもおすすめなスウェーデン料理
ハッセルバックベジ

5 min 加熱 10 min 余熱 2 min

材料／2人分

じゃがいも（メークイン）…… 2個
にんじん ………………… 2/3本
ズッキーニ ……………… 1/2本
オリーブオイル ……… 小さじ1
【A】
　アンチョビ（叩く）……… 3枚
　バター（常温に戻す）…… 20g
ローズマリー ……………… 2枝

\ Before /

作り方

1　材料を切る
じゃがいもは蓋に当たらないように底面を少し切り落とす。まな板にじゃがいもを横向きにおいて上下に菜箸をおき、包丁で3〜4mm間隔で切れ目を入れる。にんじん、ズッキーニはそれぞれ縦半分に切り、じゃがいもと同様に切れ目を入れる。

2　電子レンジで下ごしらえする
グリラーにオリーブオイルを引き、**1**のじゃがいもとにんじんを並べ、蓋をして電子レンジで約3分加熱する。ズッキーニを足して、さらに2分加熱する。

3　加熱する
蓋を取り、合わせた【A】、ローズマリーをのせる。蓋をして、約2分予熱した魚焼きグリルに入れ、中火で約10分《 片火 弱火で9〜11分》加熱したら火を止め、約2分おいて余熱調理する。

サラミの塩味が効き、見た目にも鮮やかな一品

ズッキーニと
サラミの重ね焼き

2 min　加熱 10 min

材料／2人分

ズッキーニ（緑・黄） …… 1〜2本
サラミ ………………… 1/3本
オリーブオイル ……… 大さじ3
白ワイン ……………… 大さじ1
タイム ………………… 2枝
塩・こしょう ………… 各少々

作り方

1 材料を切る
ズッキーニは1cm厚さの輪切りに、サラミは3mmの厚さに切る。◎スライスサラミを使うと便利。

2 電子レンジで下ごしらえする
グリラーにオリーブオイル小さじ1を引き、1のズッキーニを並べる。蓋をして電子レンジで約2分加熱する。

3 加熱する
1のサラミを2の間に挟み、軽く塩、こしょうをする。白ワイン、残りのオリーブオイルをかけ、タイムをのせる。蓋をして、約2分予熱した魚焼きグリルに入れ、中火で約10分《 片火 弱火で9〜11分》加熱する。

\ Before /

Part 3　あと一品欲しいときの　手間なし野菜おかず

甘いトマトにプリプリのえびを詰めて

トマトの
えびファルシ

 10 min　 3 min

材料／2人分

トマト（直径5cm程の小ぶりなもの）
　……………………………… 8個
【フィリング】
　むきえび ……………… 120g
　玉ねぎ ………………… 20g
　薄力粉 ……………… 大さじ1
　マヨネーズ ……… 大さじ1/2
　パセリ（みじん切り）……… 少々
オリーブオイル ……… 小さじ1

作り方

1 材料を切る
トマトは上部を切り取り、スプーンで中身をくり抜いておく。◎中身はスープやパスタに使っても。

2 フィリングを作る
【フィリング】の材料をフードプロセッサーにかける（または包丁で叩く）。

3 フィリングを入れる
グリラーにオリーブオイルを薄く引き、1のトマトの器を並べ、軽く薄力粉（分量外）をふるっておく。スプーンなどで2を入れ、トマトの蓋を斜めにかぶせる。

4 加熱する
蓋をして、約2分予熱した魚焼きグリルに入れ、中火で約10分《 片火 弱火で9〜11分》加熱したら火を止め、約3分おいて余熱調理をする。

Part 3　あと一品欲しいときの　手間なし野菜おかず

アスパラの食感を楽しんで

アスパラおかかバター

加熱
10 min

材料／2人分

アスパラガス	8〜10本
ヤングコーン	4本
塩	少々
サラダ油	小さじ1
バター	10g
かつお節	適量
好みでしょうゆ	適宜

作り方

1 材料を切る
アスパラガスとヤングコーンは4cm長さに切る。

2 グリラーに入れて加熱する
グリラーに**1**を入れ、塩、サラダ油をかける。蓋をして、約2分予熱した魚焼きグリルに入れ、中火で約10分《 片火 弱火で9〜11分》加熱する。バターをのせ、かつお節、好みでしょうゆをかける。

\ Before /

シンプルな玉ねぎの甘みを味わう

玉ねぎのサワークリームパン粉焼き

3 min / 加熱 8 min

材料／2人分

玉ねぎ（1.5cm厚さの輪切り）…… 4枚
サワークリーム …………… 50g
塩・こしょう ………… 各少々
生クリーム ……………… 80ml

【香りパン粉】
　パン粉 ……………… 大さじ4
　オリーブオイル …… 大さじ1
　タイム（葉をみじん切り）
　　………………… 3〜6枝分

\ Before /

作り方

1 電子レンジで下ごしらえする
グリラーに玉ねぎを並べ、塩、こしょうをし、生クリームをかけて蓋をして電子レンジで約3分加熱する。

2 加熱する
玉ねぎの上に、サワークリームをのせる。蓋をして、約2分予熱した魚焼きグリルに入れ、中火で約7分《片火 弱火で6〜8分》加熱する。蓋を取り、合わせた【香りパン粉】をかけ、中火で1〜2分《片火 弱火で1〜2分》加熱し、焼き目をつける。

濃厚なブルーチーズがくせになる

かぼちゃのブルーチーズグラタン

材料／2人分

かぼちゃ	200g
ブルーチーズ	30g
生クリーム	100ml
粗びき黒こしょう	少々

作り方

1 材料を切る
かぼちゃは8mm厚さの薄切りにする。◎切りにくい場合は電子レンジで1〜2分加熱する。

2 電子レンジで下ごしらえする
グリラーに1を並べ、蓋をして電子レンジで5〜6分加熱する。

3 加熱する
ブルーチーズをちぎり入れ、生クリーム、黒こしょうをかける。蓋をして、約2分予熱した魚焼きグリルに入れ、中火で約8分《片火 弱火で7〜9分》加熱する。◎好みではちみつをかけても。

根菜の加熱もグリラーなら時短に！
大根のステーキグリル

3 min / 6 min

材料／2人分

大根	10cm
【A】	
しょうゆ	大さじ1
みりん	大さじ1
砂糖	小さじ1
水	大さじ1
バター	10g
小ねぎ（小口切り）	適量
オリーブオイル	小さじ1

\ Before /

作り方

1　材料を切る
大根は厚さ2.5cmに切り、底面と上面に5mm幅の切り込みを縦横に入れる。

2　電子レンジで下ごしらえする
グリラーにオリーブオイルを引き、1の大根を並べる。蓋をして電子レンジで約3分加熱する。

3　加熱する
【A】をかけ、バターをのせる。蓋をして、約2分予熱した魚焼きグリルに入れ、中火で約6分《片火 弱火で5〜7分》加熱し、小ねぎをのせる。

バルサミコを使えば洋風アレンジも簡単
れんこんの
イタリアンきんぴら

4 min / 12 min

材料／2人分

れんこん	15cm
ベーコン	40g
【A】	
オリーブオイル	大さじ1
バルサミコビネガー	大さじ1
塩・こしょう	各少々

\ Before /

作り方

1　材料を切る
れんこんは皮をむき、小さめの乱切りに、ベーコンは5mm幅に切る。

2　電子レンジで下ごしらえする
グリラーにれんこんを並べ、蓋をして電子レンジで約4分加熱する。

3　加熱する
【A】を入れ混ぜ、1のベーコンをのせる《片火 上部が焦げやすいのでベーコンの上にれんこんをのせる》。蓋をして、約2分予熱した魚焼きグリルに入れ、中火で約10分《片火 弱火で9〜11分》加熱する。蓋を取り、中火で約2分《片火 弱火で1〜2分》加熱し、焼き目をつける。

Part 3　あと一品欲しいときの　手間なし野菜おかず

根菜でアレンジするのもおすすめ

かぶの ペペロンチーノ

加熱 10min

材料／2人分

- かぶ（葉つき） ……………… 3個
- ソーセージ ……………… 4本

【A】
- オリーブオイル …… 大さじ3
- にんにく（みじん切り）
   ……………… 小さじ1/2
- 唐辛子（輪切り）… ひとつまみ
- 塩・こしょう ………… 各少々

作り方

1 材料を切る
かぶの実は6〜8等分のくし切りに、葉は4cm長さに、ソーセージは2〜3等分の斜め切りにする。

2 グリラーに入れて加熱する
グリラーに1と【A】を入れ混ぜる。蓋をして、約2分予熱した魚焼きグリルに入れ、中火で約10分《片火 蓋をせずに弱火で8〜10分》加熱する。

\ Before /

あと一品欲しいときの強い味方!

キャベツとツナの
ホットサラダ

加熱
10 min

材料／2人分

紫キャベツ ……… 1/5個（150g）
ツナ缶（オイル）……… 1缶（70g）
【A】
　スイートチリソース 大さじ2
　ナンプラー ………… 小さじ2
　こしょう ………………… 少々

作り方

1 材料を切る
紫キャベツは繊維を断つように千切りにする。

2 グリラーに入れて加熱する
グリラーに1、【A】、ツナ缶を汁ごと入れ混ぜる。蓋をして、約2分予熱した魚焼きグリルに入れ、中火で約10分《 片火 弱火で9～11分》加熱する。

\ Before /

Part 3 あと一品欲しいときの 手間なし野菜おかず

見た目が可愛い目玉焼きは朝食にも
サニーサイドアップパプリカ

7min

材料／3人分

パプリカ（赤・1cm厚さの輪切り）
.... 3枚
卵 3個
塩・こしょう .... 各少々
オリーブオイル 小さじ1
パプリカパウダー .... 少々

作り方

1 グリラーに入れて加熱する

グリラーにオリーブオイルを引き、パプリカを並べ、卵を割り入れ（一旦別の器に割り入れるときれいにできる）、塩、こしょうをする。蓋をして、約2分予熱した魚焼きグリルに入れ、中火で7〜8分《片火 弱火で6〜9分》加熱する。パプリカパウダーをふる。

\ Before /

たっぷりねぎで満足感のある一品に
厚揚げのねぎみそ焼き

加熱 10min

材料／2人分

厚揚げ	1枚半
長ねぎ（緑の部分も含む）	1本
【A】	
みそ	大さじ1
砂糖	小さじ1
酒	小さじ1
しょうゆ	小さじ1/2
ごま油	大さじ1

作り方

1 材料を切り下ごしらえする
厚揚げは1cm幅に、ねぎは斜め薄切りにする。ねぎと【A】を混ぜてねぎみそを作っておく。

2 グリラーに入れて加熱する
グリラーにごま油大さじ1/2を引き、**1**の厚揚げを並べ、**1**のねぎみそをのせ、残りのごま油を回しかける。蓋をして、約2分予熱した魚焼きグリルに入れ、中火で約10分《 片火 弱火で9〜11分》加熱する。

\ Before /

Part 3 あと一品欲しいときの 手間なし野菜おかず

定番おつまみをクミンでアレンジ

クミン枝豆

 14min  5min

材料／2人分

枝豆 …………………… 250g
【A】
　オリーブオイル
　　………………… 大さじ3
　クミンシード ………… 小さじ1
　塩 ………………… 小さじ1/2
　にんにく（みじん切り）
　　………………… 小さじ1/2

作り方

1 材料を下ごしらえする
枝豆はさやの両端をキッチンバサミで落とす。

2 グリラーに入れて加熱する
グリラーに【A】、1を入れよく混ぜる。蓋をして《片火 電子レンジで約2分加熱した後》、約2分予熱した魚焼きグリルに入れ、中火で約12分《片火 弱火で11〜13分》加熱したら火を止め、約5分おいて余熱調理する。焼き目をつける場合は蓋を取り、中火で2〜3分《片火 弱火で1〜2分》加熱する。◎時間があれば、余熱で15分おくと、よりしっとり仕上がる。

万能なグリラーで！
混ぜて焼くだけ！トースターレシピ

陶器製のグリラーは魚焼きグリルのほか、トースターでの調理も可能。ここでは、混ぜて焼くだけの簡単料理を紹介します。

 → トースターの加熱時間を表しています。

※トースターも使用機種によって庫内の温度が異なるので、表示時間より前に様子を見ながら加熱してください。

混ぜてグリラーで焼くだけのお手軽さ
ニラと桜えびのチヂミ

15 min

材料／2人分

ニラ	1/2束
桜えび（干したもの）	大さじ2強
玉ねぎ	1/4個
塩	少々
薄力粉	大さじ3
片栗粉	大さじ3
水	大さじ4〜5
ごま油	大さじ2
白ごま	適量
酢じょうゆ	適量
コチュジャン	少々

作り方

1 材料を切り下ごしらえする
ニラは3cm長さ、玉ねぎは薄切りにしてボウルに入れ、桜えび、塩、薄力粉、片栗粉を加えて混ぜ、様子を見ながら水を入れ、全体を混ぜ合わせる。

2 グリラーに入れて加熱する
グリラーにクッキングシートを敷く。ごま油大さじ1を引き、1を広げ、白ごまをふり、残りのごま油を回しかける。蓋をして、230℃で約1分予熱したトースターで約10分加熱後、蓋を取り、5〜6分香ばしく加熱する。取り出し、食べやすい大きさに切り、酢じょうゆ、コチュジャンを添える。

\ Before /

POINT
トースターの裏技！

ごはんものやオムレツなど、焦げつきが心配な場合はクッキングシートを内径に合わせて敷くと取り出しやすくなります。

※魚焼きグリルでは高温になるため使用できません。
※クッキングシートや熱源の取り扱い説明に従って使用しましょう。

上下を返さず手間なしでできる
ソーセージパンケーキ

 15 min

材料／2人分

ホットケーキミックス ………… 100g	卵 ………………… 1個
ソーセージ … 6～7本	牛乳 ………… 100ml
アスパラガス ……… 2本	ピザ用チーズ…… 50g
ミニトマト … 2～3個	ケチャップ ……… 適量

作り方

1 材料を切る
アスパラガスは4cm長さ、ミニトマトは縦半分に切る。

2 ホットケーキミックスを混ぜる
ボウルにホットケーキミックス、卵、牛乳を入れ、ホイッパーでよく混ぜ、ピザ用チーズを混ぜる。

3 グリラーに入れて加熱する
グリラーにクッキングシートを敷き、2を流し入れ、1とソーセージを並べる。蓋をして、230℃で約1分予熱したトースターで10～12分加熱後、蓋を取り、膨らんで焼き目がつくまで5～6分加熱する。取り出し、ケチャップを添える。

トロッと卵が優しい洋風茶碗蒸し
スナップエンドウとスパムのフラン

  1 min 8 min 余熱 3 min

材料／2人分

スナップエンドウ ……………… 80g	【A】
スパム（低塩タイプ） ……………… 100g	生クリーム … 80ml
卵 ………………… 2個	牛乳 ………… 80ml
	粉チーズ … 大さじ1
	塩・こしょう…各少々

作り方

1 材料を切り下ごしらえする
スナップエンドウは筋を取り、耐熱皿に入れて電子レンジで約1分加熱する。スパムは約1cm角の棒状に切る。ボウルに卵を割り入れ、ホイッパーで溶きながら【A】を入れ、よく混ぜる。

2 グリラーに入れて加熱する
グリラーにクッキングシートを敷き、1を入れる。蓋をして、230℃で約1分予熱したトースターで8分加熱後、そのまま庫内に3～5分おいて余熱調理する。
◎卵液の温度が高くなり、ふちに火が入り始めたころに余熱調理に入ると、ちょうどよく仕上がります。途中蓋を取って様子を見てください。

余熱でじっくり調理してふわふわ食感に！
スペインオムレツ

2min　10min　3min

材料／2人分

卵	1個
パプリカ（赤・黄）	各1/4個
玉ねぎ	1/4個
ズッキーニ	1/4本
カマンベールチーズ	60g
【A】	
牛乳	40ml
生クリーム	30ml
塩・こしょう	各少々
バター	5g

\ Before /

作り方

1　材料を切る
パプリカ、玉ねぎ、ズッキーニは、1.5cmの角切りにする。カマンベールチーズは8等分に切る。

2　卵液（アパレイユ）を作る
ボウルに卵を溶き、【A】を入れ、よく混ぜる。

3　電子レンジで下ごしらえする
グリラーにクッキングシートを敷き、**1**、バターを入れ、蓋をして電子レンジで約2分加熱する。

4　加熱する
2とカマンベールチーズを入れ、蓋をして、230℃で約1分予熱したトースターで10〜12分加熱後、そのまま庫内に3〜5分おいて余熱調理する。

Part 4

ひと皿で満足！
ワンプレートレシピ

グリラーはしっかり1人分、または軽めの2人分の
プレートごはんにちょうどよいサイズ。
焼き上がりをそのままサーブできるのもうれしいポイントです。
ごはんや麺ものなど、朝食やお昼ごはんにも活躍しそうなレシピを紹介します。

電子レンジで麺を加熱して時短に！

豚ばらと豆苗の
レモン塩焼きそば

 2 min　 7 min

材料／1〜2人分

- 焼きそば麺 …………… 1食分
- 豚ばら薄切り肉 ………… 80g
- 豆苗 …………………… 1/4束
- レモンスライス ………… 2枚
- 【A】
  - 酒 ………………… 小さじ1
  - 鶏がらスープの素
    ………………… 小さじ1/2
  - 塩 …………………… 少々
- ごま油 ………………… 小さじ1
- 好みで花椒（粉） ……… 適宜

作り方

1 材料を切る
豚肉は2cm長さに、豆苗は4cmのざく切り、レモンスライスは4等分にする。

2 電子レンジで下ごしらえする
グリラーに麺、【A】を入れ混ぜ、蓋をして電子レンジで約2分加熱する。

3 加熱する
麺の上に1をのせ、ごま油を回しかける。蓋をして、約2分予熱した魚焼きグリルに入れ、中火で約7分《片火 弱火で6〜8分》加熱する。蓋を取り、よく混ぜる。好みで花椒をかける。
◎蓋に具材がつくようなら油を引く（P.6）。

パスタもソースもグリラーなら鍋いらず！

カプレーゼパスタ

 6 min 加熱 6 min 余熱 4 min

材料／1〜2人分

ペンネ（早ゆでタイプ）	50g
トマト缶	250g
玉ねぎ	1/4個
ベーコン	40g
モッツァレラチーズ	50g
【A】	
にんにく（すりおろし）	少々
オリーブオイル	大さじ1と1/2
塩・こしょう	各少々
唐辛子	1/2〜1本（好みで）
オリーブオイル	適量
バジルの葉	適量

作り方

1　材料を切る
玉ねぎは薄切りに、ベーコンは4mm幅に、モッツァレラチーズは6mm幅に切っておく。

2　電子レンジで下ごしらえする
グリラーにペンネ、トマト缶と【A】を入れ、混ぜる。蓋をして電子レンジで約6分加熱する。

3　加熱する
チーズ以外の**1**を加え、唐辛子をちぎって入れる。再び蓋をする。約2分予熱した魚焼きグリルに入れ、中火で約6分《片火 弱火で5〜7分》加熱したら火を止め、**1**のモッツァレラチーズをのせ、約4分おいて余熱調理する。オリーブオイルを回しかけ、バジルの葉をのせる。

Part 4 ひと皿で満足！ワンプレートレシピ

89

パスタをゆでる手間も省ける！

ミートソースパスタ

 6 min　 6 min　 4 min

材料／1人分

合びき肉	60g
パスタ（早ゆでタイプ）	50g
玉ねぎ	1/4個
にんにく（みじん切り）	小さじ1/3
コンソメ（顆粒）	小さじ1/3
湯	120ml

【A】
- トマトケチャップ　　大さじ1と1/2
- 中濃ソース　　大さじ1
- バター　　10g
- 塩・こしょう　　各少々

パルミジャーノレッジャーノ　　適量
パセリ（みじん切り）　　適量

作り方

1 材料を切る
玉ねぎはみじん切りにする。コンソメは湯で溶いておく。

2 電子レンジで下ごしらえする
グリラーにパスタ、1、ひき肉、にんにくを入れ、合わせた【A】をかける。蓋をして電子レンジで約6分加熱する。

3 加熱する
約2分予熱した魚焼きグリルに入れ、中火で約6分《片火 弱火で5〜7分》加熱したら火を止め、約4分おいて余熱調理する。パルミジャーノレッジャーノ、パセリをかける。

マヨネーズと生クリームで濃厚なソースに
たらこクリームパングラタン

加熱 12min

材料／2人分

- バゲット ………………… 1/2本
- アボカド ………………… 1個
- 【A】
  - たらこ ………… 1/2腹 (50g)
  - 生クリーム ………… 100ml
  - マヨネーズ ………… 大さじ1
  - 塩・こしょう ………… 各少々
- ピザ用チーズ ……………… 30g

\ Before /

作り方

1 材料を切る
バゲットは厚さ6mmに切る。アボカドは1cm幅の半月切りにする。

2 グリラーに並べて加熱する
グリラーに**1**のバゲットとアボカドを交互に並べ、合わせた【A】とピザ用チーズをかける。蓋をして、約2分予熱した魚焼きグリルに入れ、中火で約10分《片火 弱火で9〜11分》加熱する。蓋を取り、中火で2〜3分《片火 弱火で2〜3分》加熱し、焼き目をつける。◎蓋に具材がつくようなら油を引く（P.6）。

野菜は切ってのせるだけ！
ビビンバ

加熱 12min

材料／2人分

- ごはん …………………… 400g
- 牛こま切れ肉 …………… 60g
- 【A】
  - しょうゆ ………… 小さじ1/2
  - 酒 ………………… 小さじ1/2
  - 砂糖 ……………… ふたつまみ
  - こしょう ………………… 少々
- にんじん ………… 3cm (50g)
- 小松菜 …………… 1株 (40g)
- もやし …………………… 50g
- キムチ …………………… 40g
- 塩・こしょう …………… 各少々
- 白ごま …………… 小さじ1/2
- ごま油 …………………… 大さじ1

作り方

1 材料を切り下味をつける
牛肉が大きい場合は食べやすい長さに切り、【A】と合わせる。にんじんは細切りに、小松菜は4cm長さに切る。

2 グリラーに入れて加熱する
グリラーにごま油大さじ1/2を引き、ごはんを入れ、平らにならす。**1**、もやしをのせ、塩、こしょうをし、残りのごま油を回しかける。蓋をして、約2分予熱した魚焼きグリルに入れ、中火で約12分《片火 弱火で11〜13分》加熱する。キムチをのせ、白ごまをふる。
◎蓋に具材がつくようなら油を引く（P.6）。

Before

Part 4 ひと皿で満足！ ワンプレートレシピ

おかかしょうゆとベシャメルソースが合う

和風クリームドリア

 3 min   12 min

材料／2人分

ごはん	300g
野沢菜	60g
かつお節	3g
しょうゆ	大さじ1/2
ピザ用チーズ	40g
【ベシャメルソース】	
バター	20g
薄力粉	大さじ1
牛乳	120ml
塩・こしょう	各少々

作り方

1　ベシャメルソースを作る
耐熱ボウルにバターを入れ、電子レンジで20〜30秒加熱して溶かす。薄力粉を入れ、ホイッパーでよく混ぜる。牛乳を少しずつ注ぎ入れ、塩、こしょうをし、ふんわりラップをして、電子レンジで約1分加熱し、ホイッパーでよく混ぜる。これを後2回繰り返す。

2　グリラーに入れて加熱する
野沢菜を混ぜたごはんをグリラーに広げる。かつお節をのせてしょうゆをかけ、**1**、ピザ用チーズをかける。蓋をして、約2分予熱した魚焼きグリルに入れ、中火で約10分《片火 弱火で9〜11分》加熱する。蓋を取り、中火で約2分《片火 弱火で1〜2分》加熱して焦げ目をつける。

岡本 ゆかこ

料理家・フードスタイリスト。お菓子/お料理教室「atelier plus+（アトリエ・プリュス）」主宰。アフタヌーンティー・ティールームに勤務後、海外の食文化を学びにサンフランシスコへ。キッチンツール会社にて店舗ディレクション・スタイリング・企画を担当。フードコーディネーターアシスタントを経て独立。著書に『アップサイドダウンケーキ！』『おうちで作るアイスケーキ』（ともに小社刊）などがある。雑誌、書籍、広告など多岐にわたり活動中。

撮影	中垣美沙
調理アシスタント	馬場千亜希、兼子恵、横山久美子、熊野綾
デザイン	田山円佳（スタジオダンク）
編集協力	宮本貴世

協力
イブキクラフト
www.meisterhand-i.com
〒465-0025　愛知県名古屋市名東区上社4-108

本書の内容に関するお問い合わせは、お手紙かメール（jitsuyou@kawade.co.jp）にて承ります。恐縮ですが、お電話でのお問い合わせはご遠慮くださいますようお願いいたします。

並べて焼くだけ！
グリラーレシピ

2019年10月30日　初版発行
2022年12月30日　6刷発行

著　者　岡本ゆかこ
発行者　小野寺優
発行所　株式会社河出書房新社
　　　　〒151-0051　東京都渋谷区千駄ヶ谷2-32-2
　　　　電話　03-3404-1201（営業）
　　　　　　　03-3404-8611（編集）
　　　　https://www.kawade.co.jp/
印刷・製本　三松堂株式会社

Printed in Japan
ISBN978-4-309-28754-6

落丁本・乱丁本はお取り替えいたします。
本書のコピー、スキャン、デジタル化等の無断複製は著作権法上での例外を除き禁じられています。本書を代行業者等の第三者に依頼してスキャンやデジタル化することは、いかなる場合も著作権法違反となります。